Novena

SAN FRANCISCO

Por Laila Pita

UN POCO DE HISTORIA

En el año de 1182, en Asís, Italia, nació el hijo de Pica y Pedro Bernardone, hombre acaudalado, amigo y admirador de Francia, por cuya razón le nombró Francisco que significa el francesito.

Al muchacho no le interesaron los negocios ni el estudio, pero sí las diversiones. En contraste, era bondadoso con los necesitados. Combatió en la guerra entre Asís y Perugia. Se compró armadura elegante y fino caballo, que pronto regaló a un soldado que no tenía recursos.

Estando enfermo escuchó una voz que decía: ¿Por qué dedicarse a servir a los jornaleros si puedes servir mejor al Jefe Supremo? Desde entonces aprendió a vivir de manera humilde. Venció el asco a los leprosos besando sus llagas, visitaba pobres y enfermos dándoles cuanto llevaba consigo.

Un día Cristo le habló, Tienes que reparar mi casa, porque está en ruinas.

Con limosnas construyó la capilla. Se le unieron otros hombres de Fe.

Se revolcaba entre espinas para vencer las tentaciones impuras. Tenía el don de atraer y hacerse entender por los animales. Se dice que un lobo obedeció cuando le pidió no atacar a la gente. Murió el 3 de octubre de 1226, con alegría, paz y amor.

MILAGRO

Francisco estaba en la misa de la fiesta del apóstol San Matías cuando escuchó a Jesús decir en el evangelio a sus discípulos: Vayan a proclamar que el Reino de los cielos está cerca. No lleven dinero, ni sandalias, ni doble vestido para cambiarse. Gratis han recibido den también gratuitamente. San Francisco lo entendió y se dedicó al apostolado en extrema pobreza. Un día encontró a un hombre con el rostro desfigurado por el cáncer, se arrodilló al reconocer al Santo, pero Francisco lo levantó y le besó el rostro, instantáneamente quedó curado. Pronto se conoció el milagro alrededor del mundo.

ORACIÓN DIARIA

San Francisco de Asís, tú que abandonaste riquezas para vivir con humildad y pobreza, sé mi ejemplo en esta tierra, sé mi sol y mi linterna, para aspirar a la vida eterna con tu ejemplo de grandeza. Pues es grande el que da todo y pobre el que no da nada. Soldado de Dios lanza tu espada de caridad y esperanza. Ayúdame en esta andanza, protegido con tu escudo de fortaleza y confianza, permite que extienda la mano, para levantar al caído y no levante el puño en contra del ser humano, que bueno o malo sigue siendo mi hermano.

HAGA SU PETICIÓN

Aquí estoy hincado a tus pies. Con la luz de tus quinqués que no tienen comparación alumbra a este humilde feligrés que viene a hacerte esta petición.

Te ruego con todo mi corazón me concedas... (se hace la petición)

Esto es un asunto de interés te suplico tu atención me des. Concédeme lo que te pido en esta ocasión y con tu divina protección me ayudes, para que seas tú siempre mi salvación.

Padre Nuestro, que estás en el cielo, santificado sea tu nombre; venga a nosotros tu reino; hágase tu voluntad, en la tierra como en el cielo. Danos hoy nuestro pan de cada día; perdona nuestras ofensas, como también nosotros perdonamos a los que nos ofenden; no nos dejes caer en la tentación, y líbranos del mal. Amén.

Dios te salve, María, llena eres de gracia, el Señor es contigo. Bendita tú eres entre todas las mujeres, y bendito es el fruto de tu vientre: Jesús. Santa María, Madre de Dios, ruega por nosotros, pecadores, ahora y en la hora de nuestra muerte. Amén.

Gloria al Padre, al Hijo y al Espíritu Santo. Como era en el principio, ahora y siempre, por los siglos de los siglos. Amén.

PRIMER DÍA

A ti soldado celeste dedico esta novena, que mi alma no sienta pena por no conocer la faena, que el Todo Poderoso encomienda. Pertenecer a tu ejército, para vencer las tristezas y males que me aquejan. ¡Oh! Poderoso Señor, luz de luna, luz de sol, sé mi guía, mi protector, para no ser tocado por pecados y vicios que el demonio sembró. Para presentarme al seno de Dios con la blancura del manto con que al nacer nos revistió. Hazme llegar tu instrucción para presentarme con la frente en alto ante mis seres amados. Bendito seas San Francisco de Asís.

P adre Nuestro, que estás en el cielo, santificado sea tu nombre; venga a nosotros tu reino; hágase tu voluntad, en la tierra como en el cielo. Danos hoy nuestro pan de cada día;

8

perdona nuestras ofensas, como también nosotros perdonamos a los que nos ofenden; no nos dejes caer en la tentación, y líbranos del mal. Amén.

Dios te salve, María, llena eres de gracia, el Señor es contigo. Bendita tú eres entre todas las mujeres, y bendito es el fruto de tu vientre: Jesús. Santa María, Madre de Dios, ruega por nosotros, pecadores, ahora y en la hora de nuestra muerte. Amén.

Gloria al Padre, al Hijo y al Espíritu Santo. Como era en el principio, ahora y siempre, por los siglos de los siglos. Amén.

SEGUNDO DÍA

Hoy quiero seguir tus pasos, dar la mano al hermano, besar la llaga al leproso, para seguir el ejemplo de un proceder tan hermoso. Quiero cumplir paso a paso los proyectos que me he fijado, con sencillez y cordura de aquí hasta la sepultura. San Francisco milagroso, mándame tu dirección para actuar con devoción, humildad y compasión. Ayúdame a cumplir con lo que ayer prometí. Sembrar la semilla para ver crecer la flor sin dejar de mirar la espina. Alabado seas San Francisco de Asís, cúbreme con tu coraza, déjame ser flecha en tu lanza.

Padre Nuestro, que estás en el cielo, santificado sea tu nombre; venga a nosotros tu reino; hágase tu voluntad, en la tierra como en el cielo. Danos hoy nuestro pan de cada día;

perdona nuestras ofensas, como también nosotros perdonamos a los que nos ofenden; no nos dejes caer en la tentación, y líbranos del mal. Amén.

Dios te salve, María, llena eres de gracia, el Señor es contigo. Bendita tú eres entre todas las mujeres, y bendito es el fruto de tu vientre: Jesús. Santa María, Madre de Dios, ruega por nosotros, pecadores, ahora y en la hora de nuestra muerte. Amén.

Gloria al Padre, al Hijo y al Espíritu Santo. Como era en el principio, ahora y siempre, por los siglos de los siglos. Amén.

TERCER DÍA

Señor que domas fieras, por el ruiseñor amado, permite que camine a tu lado, para llenarme de paciencia y cordura ante la provocación del enemigo, entender al hermano y no perder al amigo. Si los animales salvajes se rinden ante tus pies, yo como ser humano me rindo también. ¡Oh! Divino domador transmite a mi corazón la calma ante el opresor, la dificultad y la tribulación. Que encuentre la paz que he anhelado, sin temor de quedarme frente al enemigo congelado, dame el consejo esperado para no perder la cordura y no dormir enojado.

Padre Nuestro, que estás en el cielo, santificado sea tu nombre; venga a nosotros tu reino; hágase tu voluntad, en la tierra como en el cielo. Danos hoy nuestro pan de cada día;

perdona nuestras ofensas, como también nosotros perdonamos a los que nos ofenden; no nos dejes caer en la tentación, y líbranos del mal. Amén.

Dios te salve, María, llena eres de gracia, el Señor es contigo. Bendita tú eres entre todas las mujeres, y bendito es el fruto de tu vientre: Jesús. Santa María, Madre de Dios, ruega por nosotros, pecadores, ahora y en la hora de nuestra muerte. Amén.

Gloria al Padre, al Hijo y al Espíritu Santo. Como era en el principio, ahora y siempre, por los siglos de los siglos. Amén.

CUARTO DÍA

Santísimo enamorado de la novia fiel, pura y santificadora, de la sencillez y humildad portadora. Haciendo honor a esa gran señora, no pido para mí riquezas, pero aún en medio de mi pobreza, con tu ayuda, pueda yo San Francisco de Asís amado, proteger a mi familia de caer en pecado. Mantenerlos lejos de la tentación de las cosas vanas y controlar la emoción que Satán siembra en el corazón. Desechar por completo todo mal ejemplo. Con el alma pura puedan vivir sin premura, ni ambición de las cosas sin valor que atraen con su falso resplandor.

Padre Nuestro, que estás en el cielo, santificado sea tu nombre; venga a nosotros tu reino; hágase tu voluntad, en la tierra como en el cielo. Danos hoy nuestro pan de cada día;

14

perdona nuestras ofensas, como también nosotros perdonamos a los que nos ofenden; no nos dejes caer en la tentación, y líbranos del mal. Amén.

Dios te salve, María, llena eres de gracia, el Señor es contigo. Bendita tú eres entre todas las mujeres, y bendito es el fruto de tu vientre: Jesús. Santa María, Madre de Dios, ruega por nosotros, pecadores, ahora y en la hora de nuestra muerte. Amén.

Gloria al Padre, al Hijo y al Espíritu Santo. Como era en el principio, ahora y siempre, por los siglos de los siglos. Amén.

QUINTO DÍA

Divino poeta de amor, mira mis pasos Señor, dime si este es el camino que llega hasta el Santo Cristo. Dime tú que en pies y manos sufriste el mismo daño que el Redentor en la Cruz. Qué debo hacer para merecer la bendición dadora de perdón y amor, para que nunca me falte casa, vestido y sustento, para que el hambre no dañe a mi niño, ni el frío rice su piel. Ante tu presencia y palabra me inclino, Bendito San Francisco de Asís tu gran proeza yo admiro.

Padre Nuestro, que estás en el cielo, santificado sea tu nombre; venga a nosotros tu reino; hágase tu voluntad, en la tierra como en el cielo. Danos hoy nuestro pan de cada día; perdona nuestras ofensas, como también nosotros perdonamos a los que nos ofenden; no nos dejes caer

16

en la tentación, y líbranos del mal. Amén.

Dios te salve, María, llena eres de gracia, el Señor es contigo. Bendita tú eres entre todas las mujeres, y bendito es el fruto de tu vientre: Jesús. Santa María, Madre de Dios, ruega por nosotros, pecadores, ahora y en la hora de nuestra muerte. Amén.

Gloria al Padre, al Hijo y al Espíritu Santo. Como era en el principio, ahora y siempre, por los siglos de los siglos. Amén.

SEXTO DÍA

Tú que custodiaste los santos lugares de la Tierra Santa, sufriendo las inclemencias de la arena que cegó tus ojos, más no tu corazón. Te pido San Francisco de Asís a ti Gran Soldado bendito me des tu protección, para que la enfermedad no amenace la vida que el Todopoderoso me ha dado. Quiero recibir en mi interior la bendición del Sagrado Pastor, sin dejar que pase de lado el sacrificio de amor por todos conocido, de norte a sur y de oriente a poniente, que ha servido de puente para alcanzar la misericordia del Padre Omnipotente.

Padre Nuestro, que estás en el cielo, santificado sea tu nombre; venga a nosotros tu reino; hágase tu voluntad, en la tierra como en el cielo. Danos hoy nuestro pan de cada día; perdona nuestras ofensas,

como también nosotros perdonamos a los que nos ofenden; no nos dejes caer en la tentación, y líbranos del mal. Amén.

Dios te salve, María, llena eres de gracia, el Señor es contigo. Bendita tú eres entre todas las mujeres, y bendito es el fruto de tu vientre: Jesús. Santa María, Madre de Dios, ruega por nosotros, pecadores, ahora y en la hora de nuestra muerte. Amén.

Gloria al Padre, al Hijo y al Espíritu Santo. Como era en el principio, ahora y siempre, por los siglos de los siglos. Amén.

SÉPTIMO DÍA

San Francisco de Asís, heraldo y mensajero del Gran Rey, intercede por mí ante Él. Querido Santo bondadoso, abandonaste riquezas para dedicar tu tiempo al trabajo hermoso, de llevar la palabra desde La Porciúncula hasta la última península. Mi corazón se llena de gozo, al conocer a un ser tan piadoso. No permitas que mi alma llegue sucia hasta tu casa. Deja me presente en vestimenta blanca con riqueza espiritual poderosa. Escribe de amor una prosa, que llegue dichosa al corazón que la recibe como la más tierna rosa.

Padre Nuestro, que estás en el cielo, santificado sea tu nombre; venga a nosotros tu reino; hágase tu voluntad, en la tierra como en el cielo. Danos hoy nuestro pan de cada día; perdona nuestras ofensas,

20

como también nosotros perdonamos a los que nos ofenden; no nos dejes caer en la tentación, y líbranos del mal. Amén.

Dios te salve, María, llena eres de gracia, el Señor es contigo. Bendita tú eres entre todas las mujeres, y bendito es el fruto de tu vientre: Jesús. Santa María, Madre de Dios, ruega por nosotros, pecadores, ahora y en la hora de nuestra muerte. Amén.

Gloria al Padre, al Hijo y al Espíritu Santo. Como era en el principio, ahora y siempre, por los siglos de los siglos. Amén.

OCTAVO DÍA

Nueve días son tan poco para implorarte de hinojos, alejes de mí los antojos de amores pecaminosos, que el maligno sutil me entrega, para caer en las redes que me llevan a la condena. Sea para ti esta novena, Santo poeta y guerrero que ha llegado al cielo limpio, sereno y lleno de amor. Yo te rezo con fervor y suplico me alejes del mal del cual siento temor San Francisco de Asís, bendita lumbrera celeste, alabado seas gran poeta.

Padre Nuestro, que estás en el cielo, santificado sea tu nombre; venga a nosotros tu reino; hágase tu voluntad, en la tierra como en el cielo. Danos hoy nuestro pan de cada día; perdona nuestras ofensas, como también nosotros perdonamos a los que nos ofenden; no nos dejes caer en la tentación, y líbranos

22

del mal. Amén.

Dios te salve, María, llena eres de gracia, el Señor es contigo. Bendita tú eres entre todas las mujeres, y bendito es el fruto de tu vientre: Jesús. Santa María, Madre de Dios, ruega por nosotros, pecadores, ahora y en la hora de nuestra muerte. Amén.

Gloria al Padre, al Hijo y al Espíritu Santo. Como era en el principio, ahora y siempre, por los siglos de los siglos. Amén.

NOVENO DÍA

Bendita saeta humana que dejó en los corazones bondades y mil perdones. Subido a los cielos, luciérnaga celestial, lo mismo doma a la bestia como al pecado original. Alabado seas Poeta, respetado Gran Guerrero, igual besas el rostro del leproso como el del hombre sano, tus milagros ilimitados llegan a todos tus hermanos, has vencido al maligno que te puso tentaciones, rechazaste orgulloso las riquezas falsas cambiándolas por los tesoros de Dios. Glorificado seas por siempre San Francisco de Asís mi Señor. Amén.

Padre Nuestro, que estás en el cielo, santificado sea tu nombre; venga a nosotros tu reino; hágase tu voluntad, en la tierra como en el cielo. Danos hoy nuestro pan de cada día; perdona nuestras ofensas,

como también nosotros perdonamos a los que nos ofenden; no nos dejes caer en la tentación, y líbranos del mal. Amén.

Dios te salve, María, llena eres de gracia, el Señor es contigo. Bendita tú eres entre todas las mujeres, y bendito es el fruto de tu vientre: Jesús. Santa María, Madre de Dios, ruega por nosotros, pecadores, ahora y en la hora de nuestra muerte. Amén.

Gloria al Padre, al Hijo y al Espíritu Santo. Como era en el principio, ahora y siempre, por los siglos de los siglos. Amén.

ORACIÓN FINAL

San Francisco de Asís de rica pobreza, gira tu rostro de Santa fineza y mira mi corazón de veleta que no encuentra la paz en esta ruleta. Dame tranquilidad y entereza, para andar el camino con seguridad y firmeza. Envuélveme con tu aura violeta y su esencia en mi alma se mantenga sujeta. Ayúdame a vivir con simpleza, aceptar lo que tengo sin ambicionar riqueza. San Francisco de Asís tu voz de poeta me guíe directo a la meta, con amor y respeto a la naturaleza que viene de ti con tanta belleza. Bendita sea tu nobleza.

Padre Nuestro, que estás en el cielo, santificado sea tu nombre; venga a nosotros tu reino; hágase tu voluntad, en la tierra como en el cielo. Danos hoy nuestro pan de cada día; perdona nuestras ofensas, como también nosotros perdonamos a los que nos ofenden; no nos dejes caer en la tentación, y líbranos del mal. Amén.

Dios te salve, María, llena eres de gracia, el Señor es contigo. Bendita tú eres entre todas las mujeres, y bendito es el fruto de tu vientre: Jesús. Santa María, Madre de Dios, ruega por nosotros, pecadores, ahora y en la hora de nuestra muerte. Amén.

Gloria al Padre, al Hijo y al Espíritu Santo. Como era en el principio, ahora y siempre, por los siglos de los siglos. Amén.

Papá Dios: que tu sabiduría nos guíe; que tu luz ilumine nuestro camino; que tu amor nos de paz; que tu poder nos proteja, y que por donde quiera que caminemos, tu presencia nos acompañe. Gracias Papá Dios que ya nos oíste. Amén.

www.ingramcontent.com/pod-product-compliance
Lightning Source LLC
Chambersburg PA
CBHW070635150426
42811CB00050B/309